토익 기본기 완성

회사에서 직원들에게 업무 일정 변경, 새로운 정책 소개, 공사 일정, 행사 일정, 업무 관련 지시 사항 등을 공지하는 내용이 Part 4에 자주 나옵니다. 특히, 회의 시간에 공지 사항을 이야기하는 상황이 잘 나오며, 주로 다음과 같이 전개됩니다.

■ 사내 공지 흐름

이번 전체 직원 회의에 참석해 주셔서 감사합니다. 제가 말씀드리고자 하는 첫 번째 사항은 **페인트 작업 프로젝트**입니다. ┄┄ ❶ 인사 및 공지 주제 안내

작업자들이 사무실에 페인트칠을 하기 위해 내일 이곳으로 올 것입니다. 그들은 토요일 아침 일찍 작업을 시작할 예정이며, 일요일 저녁까지 작업을 끝낼 수 있다고 제게 말해 주었습니다. ┄┄ ❷ 공지 세부사항 안내

오늘 저녁 퇴근하시기 전에, 반드시 여러분의 책상과 의자를 이 천으로 덮으시기 바랍니다. ┄┄ ❸ 당부 및 요청사항

■ 사내 공지 빈출 표현

• This is a reminder to all employees.	모든 직원들께 다시 한번 알립니다.
• The first thing I'd like to talk about is ~	가장 먼저 드리고 싶은 말씀은 ~입니다
• The next item on our agenda is ~	다음 회의 안건은 ~입니다
• I've called this meeting to do	~하기 위해 이 회의를 소집했습니다
• Let me start by -ing	~하면서 오늘 일정을 시작하겠습니다
• I'd like to remind you that + 절	~라는 점을 상기시켜드리고자 합니다
• I want to give you an update on ~	~에 대한 새로운 소식을 알려드리고자 합니다
• Please be sure to do	반드시 ~하십시오

Quiz 다음 공지를 듣고 질문에 맞는 답을 골라 보세요.

1 What is the main topic of the announcement?

(A) A construction project

(B) A painting job

> Thank you for attending this all-staff meeting.
> The first thing I'd like to talk about is the **painting project**.

2 What will happen on Sunday evening?

(A) A job will be finished.

(B) A schedule will change.

> The workers will be here tomorrow to paint the office.
> They're going to start early on Saturday morning, and they told me **they can finish the job by Sunday evening**.

3 What are the listeners asked to do?

(A) Cover their workstations

(B) Work more hours

> Before you leave tonight, **please be sure to cover your desks and chairs** with these cloths.

정답 및 해설 p. 23

▲ MP3 바로듣기   ▲ 강의 바로보기

오늘 배운 내용을 바탕으로 연습문제를 풀어 보세요.

1 What is being announced?

(A) A company will be relocated.
(B) A grand opening event will be held.
(C) A construction project will begin.
(D) A new product will be launched.

Building Directory	
Floor	**Department**
1	Marketing
2	Human Resources
3	Finance
4	Customer Service

2 What category of products does the business sell?

(A) Clothing
(B) Furniture
(C) Office supplies
(D) Electronic appliances

3 What is the reason for the business's good reputation?

(A) Its free shipping
(B) Its experienced staff
(C) Its Web site
(D) Its product quality

4 What is the speaker mainly discussing?

(A) A new manager
(B) An office renovation
(C) Tour schedules
(D) Computer upgrades

5 What problem does the speaker mention?

(A) An employee is absent today.
(B) A delivery has been rescheduled.
(C) Some devices are causing trouble.
(D) Some programs were not installed.

6 Look at the graphic. Which department are the listeners asked to go to?

(A) Marketing
(B) Human Resources
(C) Finance
(D) Customer Service

Today's VOCA

01 indicate ★★
인디케잇 [índikeit]
통 보여주다, 나타내다, 암시하다

indicate a preference for organic food
유기농 식품에 대한 선호를 보여주다
파 indicative 형 ~을 나타내는

02 standard ★★
스탠더r(드) [stǽndərd]
명 표준, 기준 형 일반의, 표준의

be sold at a third of the standard price
표준 가격의 3분의 1에 팔리다

03 demand ★★
디맨(드) [dimǽnd]
명 수요, 요구 통 요구하다

anticipate a higher demand for organic vegetables
유기농 채소에 대한 더 높은 수요를 예측하다
파 demanding 형 (일이) 힘든, 요구가 많은

04 frequent ★★
쁘뤼-퀀(트) [frí:kwənt]
형 빈번한 통 자주 방문하다

conduct frequent sales meetings
잦은 영업 회의를 실시하다
파 frequently 부 종종, 자주

05 temporarily ★★
템퍼뤠뤌리 [tempərérəli]
부 일시적으로, 임시로

be temporarily closed to visitors
일시적으로 방문객에게 개방되지 않다
파 temporary 형 일시적인, 임시의

06 cancel ★★
캔썰 [kǽnsəl]
통 취소하다, 무효화하다

cancel one's subscription to
~의 구독을 취소하다
파 cancellation 명 취소, 무효화

07 protect ★★
프뤄텍(트) [prətékt]
통 보호하다

protect sensitive data with confidential codes 기밀 코드로 민감한 데이터를 보호하다
파 protective 형 보호하는

08 environment ★★
인봐이어런먼(트) [inváiərənmənt]
명 환경

a quiet working environment
조용한 근무 환경
파 environmentally 부 환경적으로

Day 02 Part 7

목적 / 요청

📖 목적

Part 7 지문의 첫 문제로 등장하는 목적 문제는 전형적인 목적을 나타내는 표현들 뒤에 정답의 단서가 나오므로 비교적 쉽게 풀 수 있습니다. 목적을 나타내는 표현들은 주로 지문의 앞부분에서 찾을 수 있습니다.

■ 목적 문제 질문 유형

> **What is the purpose of the e-mail?**
> 이메일의 목적은 무엇인가?
>
> **Why did Mr. Shin write the notice?**
> 왜 신 씨가 이 공지를 썼는가?

TIP Part 7에서 목적을 나타내는 표현들

- **I'm writing to do**   ~하기 위해서 편지를 씁니다
- **We'd like to inform you that**   ~라는 점을 알리고자 합니다
- **Please note that**   ~라는 점을 유의하십시오

📝 Example   목적 예제

I am writing to let you know that if you **pay through our mobile payment system**, you will **receive a 20 percent discount** on your order.
저희 모바일 결제 시스템을 이용해 지불하신다면, 귀하의 주문에 대해 20퍼센트 할인을 받으실 것임을 알려드리기 위해 편지를 씁니다.

Q. What is the purpose of the letter?
이 편지의 목적은 무엇인가?

(A) To introduce a new product 새 상품을 소개하기 위해
(B) To promote an offer 할인 행사를 홍보하기 위해
(C) To ask for personal information 개인 정보를 요청하기 위해
(D) To inquire about a delivery 배송에 관해 문의하기 위해

⚡ 초스피드 문제풀이 따라하기

❶ 질문 유형 파악하기
질문을 보니 목적을 묻는 유형이에요.

❷ 단서 표현 찾기
목적을 나타내는 표현인 I'm writing to 문장 또는 주변 문장을 읽어요.
해석 우리 모바일 시스템 이용 → 할인해 줄게

❸ 정답 고르기
'할인'이 언급된 선택지를 찾아요. (B)에서 offer(할인 행사)를 찾을 수 있으므로 (B)가 정답이에요.

📖 요청

요청 문제는 지문에서 글을 쓴 사람의 구체적인 요청이나 당부사항을 찾는 유형입니다. 목적 문제와 마찬가지로, 요청을 이끄는 표현을 찾는다면 빠르게 정답을 고를 수 있습니다. 요청을 나타내는 단서 표현들은 주로 지문의 후반부에 제시됩니다.

■ 요청 문제 질문 유형

> **What does Ms. Griffin ask the staff to do?**
> 그리핀 씨는 직원들에게 무엇을 하도록 요청하는가?
>
> **What document does Mr. Gold request?**
> 골드 씨는 어떤 서류를 요청받는가?
>
> **What are new residents encouraged to do?**
> 새 거주자들은 무엇을 하도록 권고받는가?

TIP Part 7에서 요청을 나타내는 표현들

> • **Please + 동사원형**   ~하기 바랍니다
> • **I would appreciate it if**   ~해주신다면 감사하겠습니다
> • **Make sure that**   반드시 ~하도록 하세요
> • **If ~, 명령문**   ~하다면, …해주십시오

📝 Example 요청 예제

If you're interested in purchasing our products, **please attend the demonstration on Friday, October 1, at Blooming Hall.**
만약 저희 상품을 구매하시는 데에 관심이 있으시다면, 10월 1일 금요일, 블루밍 홀에서 열리는 시연회에 참석하시기 바랍니다.

Q. What are potential customers encouraged to do?
　　잠재 고객들은 무엇을 하도록 권고받는가?

(A) Make an order 주문하는 것
(B) Book a place 자리를 예약하는 것
(C) Reschedule a meeting 미팅 일정을 재조정하는 것
(D) Participate in an event 한 행사에 참석하는 것

⚡ 초스피드 문제풀이 따라하기

❶ 질문 유형 파악하기
질문을 보니 요청사항을 묻는 유형이에요.

🔽

❷ 단서 표현 찾기
요청을 나타내는 표현인 Please가 있어요. 그 뒷부분을 읽어 내용을 확인해요.
해석 시연회에 참석해 줘

🔽

❸ 정답 고르기
선택지에서 '시연회', '참석'과 관련된 것을 찾아요. 두 키워드가 들어 있는 (D)가 정답이에요.

오늘 배운 내용을 바탕으로 연습문제를 풀어 보세요.

1

All Staff Members,

To prevent any unauthorized employees from entering our laboratory, management has decided to install a new security system. Please note that, from November 22, all employees are required to electronically verify that they are allowed to enter the facility.

memo

Q. What is the purpose of the memo?

(A) To describe a new policy
(B) To change a renovation schedule

2

Dear Mr. Deacon,

We hope you are enjoying your time at the Crystal Giant Country Club. Until March 30, all Standard members can purchase a Silver Captain membership at a huge discount. If this is agreeable, just e-mail me back and arrange a time to meet with me to take care of the paperwork. You can call me at 555-2342 if you need more information.

Q. What is Mr. Deacon asked to do?

(A) Purchase a spa package
(B) Schedule an appointment

Today's VOCA

01 likely ★★
라익클리 [láikli]
형 ~할 것 같은, 가망 있는

be **likely** to continue for some time
한동안 지속될 것 같다

02 heavy ★★
헤뷔 [hévi]
형 과도한, 무거운, 대형의

with **heavy** usage
과도한 사용으로

03 clean ★★
클리인 [kliːn]
형 깨끗한 동 청소하다

a very **clean** surface
매우 깨끗한 표면
파 **cleaning** 명 청소, 세척 형 청소하는

04 perfectly ★★
퍼ㄹ픽(틀)리 [pə́ːrfiktli]
부 완벽하게

be **perfectly** suited for
~에 완벽하게 어울리다
파 **perfect** 형 완벽한

05 heavily ★★
해뷜리 [hévəli]
부 심하게, 대단히, 극심하게

depend **heavily** on
~에 심하게 의존하다

06 subject ★
썹젝(트) [sʌ́bdʒekt] / 썹직(트) [sʌ́bdʒikt]
형 영향을 받는, 하기 쉬운, 종속적인 명 주제

be **subject** to seasonal demand
계절 수요의 영향을 받을 수 있다

07 then ★
덴 [ðen]
부 후에, 그리고 나서, 그때에

complete the online form and **then** submit it
온라인 양식을 작성한 후에 제출하다

08 additionally ★
어디셔널리 [ədíʃənəli]
부 또한, 게다가

Additionally, you need to present your identification at the security desk.
또한, 보안 검색대에서 신분증을 제시할 필요가 있습니다.

사회자가 각종 행사(시상식, 은퇴식, 개업식 등)를 소개하는 유형과 인물(강연자, 수상자, 새로 온 직원 등)을 소개하는 유형의 연설이 주로 나옵니다. 환영 인사로 시작하여 행사의 목적이나 인물을 소개하고 진행 일정을 안내한 뒤, 특정 인물을 무대로 부르거나 다음 순서를 소개하는 것으로 끝맺습니다.

■ 연설 흐름

안녕하세요, 오늘 저녁 로보 의류 회사의 **시상식 만찬에 참석해 주셔서 감사합니다.**

달턴 씨에게 '올해의 직원상'을 수여하게 되어 기쁩니다. 올해, 달턴 씨는 유럽에 다섯 개의 매장을 개장함으로써 우리 회사를 국제적으로 확장해 주셨습니다.

이제, 달턴 씨가 우리에게 그의 도전에 관해 **이야기해 주실 겁니다.** 달턴 씨를 따뜻하게 맞이해 주시기 바랍니다.

❶ 인사말 및 행사 소개

❷ 행사의 목적 및 인물 소개

❸ 다음 순서 소개/ 무대 호출

■ 연설 빈출 표현

awards ceremony(시상식), annual fundraiser(연례 기금 모금 행사), press conference(기자 회견) 등이 출제되었어요.

• Thank you for attending + 행사 이름	~에 와주셔서 감사합니다
• Let me introduce + 사람 이름	○○○ 씨를 소개해 드리겠습니다
• It's my pleasure to do	~하게 되어 기쁩니다
• I'm honored/pleased to have + 사람 이름	○○○ 씨를 모시게 되어 영광입니다/기쁩니다
• 사람 이름 will be talking about ~	○○○ 씨가 ~에 대해 말씀해 주실 것입니다
• 사람 이름 is well known for ~	○○○ 씨는 ~로 잘 알려져 있습니다
• 사람 이름 has served as ~	○○○ 씨는 ~로서 근무해 오셨습니다
• Let's give a warm welcome to + 사람 이름	○○○ 씨를 따뜻하게 환영해 주십시오

1 Where most likely are the listeners?

(A) At an awards banquet

(B) At an international conference

> Good evening, and thank you for attending tonight's Robo Clothing's **Awards Dinner.**

2 What did Mr. Dalton do this year?

(A) He published a book.

(B) He opened overseas stores.

> It's my pleasure to present Mr. Dalton with the Employee of the Year Award. This year, **he expanded our company internationally by opening five stores in Europe.**

3 What will the listeners probably do next?

(A) Watch a video

(B) Listen to a speech

> Now, **Mr. Dalton will be talking to us** about his challenges. Let's give him a warm welcome.

정답 및 해설 p. 26

오늘 배운 내용을 바탕으로 연습문제를 풀어 보세요.

1 Who is Mr. Nilson?

(A) A sales director
(B) A celebrity
(C) A university professor
(D) A group leader

2 What is the subject of Mr. Nilson's speech?

(A) Effective advertisements
(B) Eco-friendly items
(C) Urban development methods
(D) Customer relations

3 What will the listeners probably do after the speech?

(A) Fill out a survey
(B) Tour a building
(C) Attend a discussion
(D) Register for an event

4 What is the purpose of the speech?

(A) To introduce a new employee
(B) To celebrate the opening of a store
(C) To present an award
(D) To explain a new plan

5 According to the speaker, how did Mr. Yang help the company?

(A) He hired new workers.
(B) He promoted some products.
(C) He lowered monthly expenses.
(D) He designed the main office.

6 What will happen next?

(A) A questionnaire will be handed out.
(B) Brochures will be distributed.
(C) Refreshments will be served.
(D) A video will be shown.

Today's VOCA

▲ MP3 바로듣기

01 safely
쎄이쁠리 [séifli]
문 안전하게, 무사히

operate the manufacturing equipment **safely** 제조 장비를 안전하게 조작하다
파 **safety** 명 안전

02 helpful
헤웁쀨 [hélpfəl]
형 도움이 되는, 유용한

it is **helpful** to do
~하는 게 도움이 되다
파 **help** 동 돕다 명 도움

03 case
케이스 [keis]
명 경우, 사례

in many **cases**
많은 경우에
파 **in case of** 전 ~의 경우

04 usually
유주얼리 [júːʒuəli]
문 보통, 대개

be **usually** sold out at this time
보통 이맘때쯤이면 다 팔리다

05 generally
줴너뤌리 [dʒénərəli]
문 보통, 일반적으로

generally available in local supermarkets
보통 지역 슈퍼마켓에서 구할 수 있는

06 protection
프뤄텍션 [prətékʃən]
명 보호

for your **protection**
여러분을 보호하려면
파 **protect** 동 보호하다

07 markedly
마ㄹ킷(을)리 [máːrkidli]
문 현저하게, 두드러지게, 뚜렷하게

become **markedly** better
현저하게 나아지다
파 **marked** 형 두드러진, 현저한

08 recover
뤼커버ㄹ [rikʌ́vər]
동 회복하다, 복구하다

fully **recover** from recent economic difficulties
최근의 경기 불황에서 완전히 회복하다

DAY 03

Part 4 연설

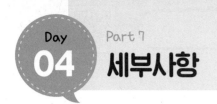
세부사항

▲ 강의 바로보기

📖 **세부사항**

Part 7 지문에 언급되는 단편적인 정보에 관해 묻는 질문 유형으로, 대부분 질문 속에 키워드가 제시됩니다. 키워드는 주로 특정 사물, 날짜 또는 사람의 이름이나 고유명사 등이 주로 제시되고, 질문에 나온 키워드를 지문에서 찾아 그 주변 문장을 읽고 정답을 선택하면 됩니다.

■ 세부사항 문제 질문 유형 (1): 단순 정보

What does Mr. Barton offer to do? 바튼 씨는 무엇을 제안하는가?	What will happen on January 13? 1월 13일에 무슨 일이 일어나는가?

TIP 세부사항 문제의 키워드 제시 유형

1. 문제의 키워드가 지문에 동일하게 언급되어 있음
2. 문제의 키워드가 지문에 패러프레이징되어 언급되어 있음
3. 문제의 키워드가 지문에 언급되어 있지 않음(유추 필요)

📋 **Example** 세부사항(단순 정보) 예제

Today's Special Deals include a free overnight shipping service to any destination and a 20% discount coupon for future purchases.
오늘의 특별 상품에는 어느 곳이든 익일 무료 배송 서비스와 앞으로의 구매에 사용하실 20퍼센트 할인 쿠폰이 포함되어 있습니다.

Q. What do the Today's Special Deals include?
오늘의 특별 상품에는 무엇이 포함되어 있는가?

(A) A free gift 무료 증정품
(B) A catalogue 상품 목록
(C) Express delivery 신속 배달
(D) Premium membership 고급 회원권

⚡**초스피드** 문제풀이 따라하기

❶ **질문 유형 파악하기**
질문을 보니 단순 정보를 확인하는 세부사항 유형이에요.

🔻

❷ **키워드 찾기**
문제에 있는 키워드 Today's Special Deals가 지문에 동일하게 언급되어 있으므로 그 뒤의 내용을 읽어요.
해석 익일 무료 배송 서비스가 포함

🔻

❸ **정답 고르기**
overnight shipping은 하룻밤 만에 배송하는 것을 의미하므로 '신속 배달'과 동일한 의미입니다. 따라서 정답은 (C)입니다.

■ 세부사항 문제 질문 유형 (2): 직업/신분

Who is Ms. Louis Hills?
루이스 힐스 씨는 누구인가?

TIP Part 7 패러프레이징 유형

❶ 동의어 사용

renowned host 유명 사회자 = a television celebrity 텔레비전 유명 인사

a driver's license 운전면허증 = the ability to drive a vehicle 차량 운전 능력

❷ 품사 및 문장 구조 변경

design a personal investment plan 개인 투자 계획을 설계하다 = financial planning 금융 설계

📝 Example 세부사항(직업/신분) 예제

The special guest, Mr. Nakamura, highly praised the film's director, George Mayson, **on a TV show hosted by Anna Michelle,** who often writes articles for a local entertainment news magazine.

특별 초대손님인 나카무라 씨가 애나 미셸 씨가 사회를 맡고 있는 TV 쇼에서 그 영화의 감독 조지 메이슨 씨를 매우 칭찬했는데, 애나 미셸 씨는 종종 지역 연예 잡지에 기사를 작성한다.

Q. Who is Ms. Michelle?
미셸 씨는 누구인가?

(A) A movie director 영화감독
(B) An editor 편집자
(C) A critic 평론가
(D) A show host 쇼 진행자

⚡초스피드 문제풀이 따라하기

❶ 질문 유형 파악하기
질문을 보니 직업이나 신분을 확인하는 세부사항 유형이에요.

❷ 키워드 찾기
문제에 언급된 키워드 Ms. Michelle은 지문에서 Anna Michelle로 제시되어 있어요. 해당 문장을 해석합니다.

해석 안나 미셸에 의해 진행되는 TV 쇼에서

❸ 정답 고르기
안나 미셸 씨가 TV 쇼를 진행하는 진행자임을 알 수 있으므로, 쇼 진행자를 의미하는 (D)가 정답이에요.

▲ 강의 바로보기

오늘 배운 내용을 바탕으로 연습문제를 풀어 보세요.

1

Deacon Hall will be hosting several performances by some of the best orchestras in Australia. The series will be called Sounds of the Seasons and will feature ten performances. "The aim of Sounds of the Seasons is to bring together the finest classical musicians in the country, and Deacon Hall is the perfect venue for such an event," says Arthur Redmond, a violinist in the Sydney Philharmonic who will play on the opening night of the concert series.

memo

Q. Who is Mr. Redmond?

(A) An orchestra member
(B) A concert organizer

2

Speedy Copying Service
We are located on the first floor of the Stouten Mall.

Hours of Operation
Monday-Wednesday: 5 A.M. – 11 P.M.
Thursday-Saturday: 8 A.M. - 4 P.M.
Sunday: 9 A.M. - 11 A.M.

Q. On what day is Speedy Copying Service not open in the afternoon?

(A) Friday
(B) Sunday

Today's VOCA

01 last ★
라–쓰(트) [læst]
동 지속하다 형 직전의, 지난, 마지막의

last until May
5월까지 지속되다
파 **lasting** 형 지속적인, 오래 남는

02 take ★★
테잌 [teik]
동 데려가다, 가져가다, 시간이 걸리다, 타다

take all employees to the dinner
전 직원을 저녁식사에 데리고 가다

03 long ★★★
렁 [lɔːŋ]
부 오랫동안, 오래 형 긴, 오랜

has **long** been delayed
오랫동안 연체되었다

04 main ★
메인 [mein]
형 주요한

the **main** source of inspiration
영감을 얻는 주요 원천
파 **mainly** 부 주로, 대부분

05 already ★★★★
얼뤠디 [ɔːlrédi]
부 이미

have **already** turned in a registration form
이미 신청서를 제출했다

06 direct ★
디뤡(트) [dirékt]
형 직행의, 직접적인 동 제3자에게 보내다

the most **direct** route to the conference
center 컨퍼런스 센터로 가는 직행 노선
파 **direction** 명 방향, 지도, 길안내(복수형)

07 quickly ★★
퀵(을)리 [kwíkli]
부 빠르게, 신속하게

proceed **quickly**
빠르게 진행되다

08 document ★
다큐먼(트) [dákjumənt]
명 문서, 서류 동 문서화하다, 기록하다

confidential **documents**
기밀 문서

DAY 04

Part 7 세부사항

VOCA

● 단어와 그에 알맞은 뜻을 연결해 보세요.

1 heavily ● ● (A) 심하게, 대단히, 극심하게

2 generally ● ● (B) 보통, 일반적으로

3 temporarily ● ● (C) 일시적으로, 임시로

● 다음 빈칸에 알맞은 단어를 선택하세요.

4 be ------- to seasonal demand
계절 수요의 영향을 받을 수 있다

5 be ------- to continue for some time
한동안 지속될 것 같다

(A) likely
(B) subject
(C) recover

6 fully ------- from recent economic difficulties
최근의 경기 불황에서 완전히 회복하다

● 실전 문제에 도전해 보세요.

7 You must show your ticket at the gate. -------, you need to present it at the security desk again.

(A) Markedly (B) Heavily
(C) Additionally (D) Perfectly

8 The new operations manager has ------- decided to hire additional employees.

(A) then (B) already
(C) usually (D) long

한 주 동안 학습한 내용을 적용하여 기출변형 문제들을 풀어 보세요.

▲ MP3 바로듣기

▲ 강의 바로보기

1 Who are the listeners?

(A) Shop managers
(B) Mall customers
(C) Security guards
(D) Interior designers

2 What will Mr. Walker mainly talk about?

(A) Upgrading a software program
(B) Operating a new camera system
(C) Taking a photography class
(D) Setting up e-mail accounts

3 What will most likely happen next?

(A) A designer will speak.
(B) A tour will begin.
(C) There will be a short break.
(D) A heating system will be repaired.

4 What does the speaker's company sell?

(A) Furniture
(B) Appliances
(C) Beverages
(D) Snacks

5 What does Charlotte recommend?

(A) Lowering a price
(B) Increasing a production rate
(C) Changing a color
(D) Using recycled materials

6 What will the listeners most likely do next?

(A) Watch a video clip
(B) Examine some samples
(C) Read customer feedback
(D) Work in groups

DAY 05

Weekly Test

한 주 동안 학습한 내용을 적용하여 기출변형 문제들을 풀어 보세요.

▲ 강의 바로보기

Questions 1-2 refer to the following memo.

MEMORANDUM

Effective today, we'd like to inform all employees that you will be responsible for cleaning the staff break room. A schedule will be put up at 8:30 A.M. each Monday, and you should check this before you begin work.

Also, whenever you put food or drink inside the refrigerator, please attach a sticker to it and write your name and the date on the sticker. We want to make sure that no items are left in there longer than seven days.

---

1   What is the purpose of the memo?

   (A) To announce a new policy
   (B) To thank employees for their efforts
   (C) To report staff complaints
   (D) To advertise a cleaning product

2   What are staff members asked to do?

   (A) Clean their desks
   (B) Label items in a refrigerator
   (C) Turn off their computers
   (D) Come to work before 8:30 A.M.

Questions 3-4 refer to the following e-mail.

To: Linda Cook
From: Mary Suzuki

Dear Linda,

The Highway 9 Bridge Construction Committee needs to organize a public meeting to discuss the traffic changes. By law, we are required to have a public forum for any project that impacts local commuters. So I ask you and representatives from Williams Construction to attend the meeting to offer some information on the timeline, costs and local effect of the project. People are likely to have a lot of questions, and your firm will have more specific information than we do.

Please let me know whether you are available.

Thank you,

Mary Suzuki

3   Why is the meeting being held?

(A) A law requires it.
(B) Local residents are against the project.
(C) A construction schedule needs to be changed.
(D) Williams Construction requested it.

4   What is Ms. Cook asked to do at the meeting?

(A) Ask the opinions of local residents
(B) Assist with the presentation
(C) Explain the project details
(D) Keep a record of the discussions

Week **19**

정답 및 해설

Day 01 사내 공지

Quiz

1. 공지의 주제는 무엇인가?
(A) 건설 프로젝트
(B) 페인트 작업

> 이번 전체 직원 회의에 참석해 주셔서 감사합니다. 제가 말씀드리고자 하는 첫 번째 사항은 페인트 작업 프로젝트입니다.

정답 (B)
어휘 construction 공사 painting 페인트칠하기 attend ~에 참석하다 all-staff 전체 직원의 would like to do ~하고자 하다

2. 일요일 저녁에 무슨 일이 있을 것인가?
(A) 작업이 끝날 것이다.
(B) 일정이 변경될 것이다.

> 작업자들이 사무실에 페인트칠을 하기 위해 내일 이곳으로 올 것입니다. 그들은 토요일 아침 일찍 작업을 시작할 예정이며, 일요일 저녁까지 작업을 끝낼 수 있다고 제게 말해 주었습니다.

정답 (A)
어휘 paint ~에 페인트칠을 하다 be going to do ~할 예정이다 tell A (that) + 절: A에게 ~라고 말하다 finish ~을 끝내다

3. 청자들은 무엇을 하도록 요청 받는가?
(A) 업무 공간을 덮는 일
(B) 추가 근무하는 일

> 오늘 저녁에 퇴근하시기 전에, 반드시 여러분의 책상과 의자를 이 천으로 덮으시기 바랍니다.

정답 (A)
어휘 cover ~을 덮다 workstation 업무 공간, 업무 자리 work more hours 추가 근무를 하다 leave 나가다, 떠나다 be sure to do 반드시 ~하다 cloth 천, 직물

Practice

1. (C)	2. (B)	3. (B)	4. (D)	5. (C)
6. (B)				

Questions 1-3 refer to the following excerpt from a meeting.

> **1** I'm pleased to announce that construction will start on our latest branch of Home Essentials today. Once the project is complete, this will be our largest store in North America. **2** It will be able to stock all ranges of sofas, tables, beds, and other furniture that we sell. The store will open just 6 months from now. As you all know, **3** we have an excellent reputation for hiring experienced employees, and I don't want that to change. So, we need to hurry up on advertising job vacancies.
>
> ───────────────
>
> 오늘 홈 에센셜의 최신 지점에 대한 공사가 시작되었음을 알리게 되어 기쁩니다. 일단 프로젝트가 완료되면, 이 건물은 북미에서 가장 큰 매장이 될 것입니다. 홈 에센셜은 모든 종류의 소파, 식탁, 침대 그리고 우리가 판매하는 다른 가구까지 모두 갖출 수 있을 것입니다. 이 매장은 앞으로 6개월 후에 개장할 것입니다. 여러분 모두 알듯이, 우리는 숙련된 직원들을 고용하는 것으로 훌륭한 평판을 가지고 있고, 저는 이 사실이 변하지 않았으면 합니다. 그래서, 우리는 공석을 광고하는 것을 더 서둘러야 할 필요가 있습니다.

어휘 announce that ~을 알리다, 발표하다 construction 공사, 건설 latest 최신의 branch 지점, 지사 complete 완료된, 끝난 be able to do ~할 수 있다 stock (재고로) 갖추다 furniture 가구 sell ~을 팔다, 판매하다 store 매장 open 개장하다, 개점하다 from now 지금부터 excellent 훌륭한 reputation 평판 hire ~을 고용하다 experienced 숙련된, 경험이 많은 employee 직원 change 변하다 hurry up 서두르다 advertise ~을 광고하다 job vacancy 공석

1. 무엇이 발표되고 있는가?
(A) 한 회사가 이전할 것이다.
(B) 개장 행사가 열릴 것이다.
(C) 공사 프로젝트가 시작될 것이다.
(D) 새로운 상품이 출시될 것이다.

정답 (C)
해설 담화 시작 부분에서 화자는 홈 에센셜의 최신 지점에 대한 공사가 시작되었음을 알리게 되어 기쁘다(I'm pleased to announce that construction will start on our latest branch of Home Essentials today)고 말하고 있으므로 (C)가 정답이다.
어휘 relocate ~을 이전하다 opening 개장 be held (행사 등이) 열리다, 개최되다 begin 시작되다 product 상품 launch ~을 출시하다, 시작하다

2. 이 업체가 판매하는 상품의 종류는 무엇인가?
(A) 의류
(B) 가구
(C) 사무용품
(D) 전자제품

정답 (B)
해설 화자는 담화 중반부에서 홈 에센셜은 모든 종류의 소파, 식탁, 침대 그리고 판매하는 다른 가구들까지 모두 갖출 수 있을 것이라고(It will be able to stock all ranges of sofas, tables, beds, and other furniture that we sell) 말하며 업체가 판매하는 상품의 종류를 밝히고 있다. 따라서 (B)가 정답이다.
어휘 clothing 의류, 옷 office supplies 사무용품 electronic appliance 전자제품

3. 이 업체의 평판이 좋은 이유는 무엇인가?
(A) 무료 배송
(B) 숙련된 직원들
(C) 웹 사이트
(D) 상품의 품질

정답 (B)
해설 담화 마지막 부분에서 화자는 홈 에센셜이 숙련된 직원들을 고용하는 것으로 훌륭한 평판을 가지고 있다(we have an excellent reputation for hiring experienced employees)고 말하며, 이 평판이 바뀌지 않았으면 한다는 희망을 나타내고 있다. 따라서 (B)가 정답이다.
어휘 reason 이유 free 무료의 shipping 배송 staff 직원 quality 품질

Questions 4-6 refer to the following announcement and directory.

Good morning, everyone. I am happy to announce that **4** we have upgraded all the computers on each floor. However, **5** some employees said their computers are not working properly. So, we are going to visit each department to check out those computers and perform additional work today. If you think your computer has any problem, please let me know. Also, we'll inspect printers and photocopiers. So, **6** those who want to print out documents should go to the second floor while we carry out the inspection.

안녕하세요, 여러분. 저희가 각 층에 있는 모든 컴퓨터를 업그레이드했다는 사실을 알려 드리게 되어 기쁩니다. 하지만, 일부 직원들께서 컴퓨터가 제대로 작동되지 않고 있다고 말씀해 주셨습니다. 따라서 저희가 오늘 그 컴퓨터들을 확인하고 추가 작업을 실시하기 위해 각 부서를 방문할 예정입니다. 여러분의 컴퓨터에 어떤 문제라도 있다고 생각되시면, 저에게 알려 주십시오. 또한, 저희가 프린터와 복사기도 점검할 것입니다. 따라서 저희가 점검 작업을 수행하는 동안 문서를 출력하고자 하는 분들께서는 2층으로 가시기 바랍니다.

건물 층별 안내	
층	부서
1	마케팅팀
2	인사팀
3	재무팀
4	고객 서비스팀

어휘 announce that ~라고 알리다, 발표하다 however 하지만, 그러나 work 작동되다, 기능하다 properly 제대로, 적절히 be going to do ~할 예정이다 department 부서 check out ~을 확인하다 perform ~을 실시하다, 수행하다 additional 추가적인 let A know: A에게 알리다 inspect ~을 점검하다 photocopier 복사기 those who ~하는 사람들 print out ~을 출력하다, 인쇄하다 while ~하는 동안 inspection 점검 directory 층별 안내 human resources 인사(부) finance 재무, 재정, 금융

4. 화자는 주로 무엇에 관해 이야기하는가?
(A) 신임 부서장
(B) 사무실 개조 공사
(C) 견학 일정
(D) 컴퓨터 업그레이드

정답 (D)
해설 담화를 시작하면서 화자가 각 층의 컴퓨터를 업그레이드한 사실을(we have upgraded all the computers on each floor) 알린 뒤로, 그로 인해 발생된 문제점 및 조치 방법을 말하는 것으로 담화가 진행되고 있다. 따라서 (D)가 정답이다.
어휘 manager 부서장 renovation 개조, 보수 schedule 일정

5. 화자는 어떤 문제점을 언급하는가?
(A) 직원이 오늘 결근한 상태이다.
(B) 배송 일정이 재조정되었다.
(C) 일부 기기들이 문제를 야기하고 있다.
(D) 일부 프로그램들이 설치되지 않았다.

정답 (C)

해설 담화 초반부에서 화자는 일부 직원들이 컴퓨터가 제대로 작동되지 않는 문제점을 말한(some employees said their computers are not working properly) 사실을 밝히고 있다. 즉 기기가 문제를 야기하고 있는 상황이므로 (C)가 정답이다.

어휘 absent 결근한, 자리를 비운 delivery 배송(품) reschedule ~의 일정을 재조정하다 device 기기, 장치 cause ~을 야기하다, 초래하다 install ~을 설치하다

Paraphrase computers are not working properly
→ devices are causing trouble

6. 시각자료를 보시오. 청자들은 어느 부서로 가도록 요청 받는가?
   (A) 마케팅팀
   (B) 인사팀
   (C) 재무팀
   (D) 고객 서비스팀

정답 (B)

해설 화자가 담화 마지막 부분에 문서를 출력하고 싶은 사람들에게 2층으로 가도록(those who want to print out documents should go to the second floor) 요청하고 있는데, 시각자료에서 2층에 위치한 부서가 인사팀(Human Resources)이므로 (B)가 정답이다.

어휘 be asked to do ~하도록 요청 받다

Day 02 목적/요청

Practice

1. (A)	2. (B)

1.

직원 여러분,

인가받지 않은 직원이 우리 연구소에 출입하는 것을 막기 위해, 경영진은 새로운 보안 시스템을 설치하기로 결정하였습니다. 11월 22일부터 전 직원은 자신이 이 시설에 출입하는 것을 허락받았음을 전자 장치로 입증해야 한다는 점에 유의하십시오.

Q. 이 회람의 목적은 무엇인가?
(A) 새로운 정책을 설명하는 것
(B) 수리 일정을 변경하는 것

정답 (A)

해설 목적을 묻는 질문이므로 목적을 나타내는 명령문 Please note that으로 시작하는 문장을 먼저 읽어야 한다. 11월 22일부터 새롭게 해야 하는 일을 지시하고 있으므로 새로운 정책을 설명한다는 내용의 (A)가 정답이다.

어휘 prevent A from -ing A가 ~하는 것을 막다 unauthorized 인가받지 않은 employee 직원 enter ~에 출입하다 laboratory 연구소 management 경영진 decide ~을 결정하다 install ~을 설치하다 security 보안 note that ~라는 점에 유의하다 be required to do ~해야 하다 electronically 전자 장치로 verify that ~임을 입증하다 be allowed to do ~하도록 허락 받다 facility 시설 describe ~을 설명하다 policy 정책 change ~을 변경하다 renovation 보수 schedule 일정

2.

디콘 씨께,

저희 크리스털 자이언트 컨트리 클럽에서 즐거운 시간보내고 계시길 바랍니다. 모든 일반 회원들께서도 3월 30일까지 대폭 할인된 비용으로 실버 캡틴 회원권을 구매하실 수 있습니다. 이 조건이 마음에 드시면, 본 메일을 제게 회신하셔서 서류 업무 처리를 위해 만날 시간을 정하시면 됩니다. 정보가 더 필요하시면 555-2342번으로 제게 전화 주셔도 됩니다.

Q. 디콘 씨는 무엇을 하라는 요청을 받는가?
(A) 스파 패키지 서비스를 구입할 것
(B) 약속을 잡을 것

정답 (B)

해설 요청사항을 묻는 문제이므로 요청을 나타내는 If로 시작하는 문장을 먼저 읽어야 한다. 서류 작업을 위한 만날 시간 약속을 잡자는 표현이 있으므로 (B)가 정답이다.

어휘 enjoy ~을 즐기다 until ~까지 purchase ~을 구매하다 at a discount 할인된 비용으로 huge 대폭적인 agreeable 마음에 드는 arrange ~을 정하다 take care of ~을 처리하다 paperwork 서류 업무 need ~을 필요로 하다 information 정보 appointment 약속

Day 03 연설

Quiz

1. 청자들은 어디에 있겠는가?
(A) 시상식 연회
(B) 국제 컨퍼런스

안녕하세요, 오늘 저녁 로보 의류 회사의 시상식 만찬에 참석해 주셔서 감사합니다.

정답 (A)
어휘 awards banquet 시상식 연회 international 국제적인 conference 학회, 총회 attend ~에 참석하다

2. 달턴 씨는 올해 무엇을 했는가?
(A) 책을 출간했다.
(B) 해외 매장을 개장했다.

달턴 씨에게 '올해의 직원상'을 수여하게 되어 기쁩니다. 올해, 달턴 씨는 유럽에 다섯 개의 매장을 개장함으로써 우리 회사를 국제적으로 확장해 주셨습니다.

정답 (B)
어휘 publish ~을 출간하다 overseas 해외의 It's my pleasure to do ~하게 되어 기쁩니다 present A with B: A에게 B를 제공하다, 주다 Employee of the Year Award 올해의 직원 상 expand ~을 확장하다 internationally 국제적으로 by -ing ~함으로써

3. 청자들은 다음으로 무엇을 할 것인가?
(A) 영상을 시청하는 일
(B) 연설을 듣는 일

이제, 달턴 씨가 우리에게 그의 도전에 관해 이야기해 주실 겁니다. 달턴 씨를 따뜻하게 맞이해 주시기 바랍니다.

정답 (B)
어휘 challenge 도전 give A B: A에게 B를 주다 warm 따뜻한 welcome 환영

Practice

1. (D)	2. (B)	3. (C)	4. (C)	5. (B)
6. (D)				

Questions 1-3 refer to the following speech.

Welcome to the 7th annual Environment & Business Convention. At this year's event, we have prepared a wider variety of lectures and presentations. Today's keynote speaker is Gerald Nilson. **1** Mr. Nilson is the president of G&N Environmental Group, a non-profit organization based in New York. Today, **2** he will talk about the importance of manufacturing eco-friendly products. Following his speech, **3** there will be small group discussions, so please remain seated if you are interested in participating.

제7회 연례 환경과 비즈니스 컨벤션에 오신 것을 환영합니다. 올해의 행사에서, 저희는 더욱 다양한 강연과 발표를 준비했습니다. 오늘의 기조 연설자는 제럴드 닐슨 씨입니다. 닐슨 씨는 뉴욕을 기반으로 하는 비영리 단체인 G&N 환경 그룹의 대표이십니다. 오늘, 닐슨 씨께서 친환경적인 제품을 제조하는 것의 중요성에 관해 이야기해주실 것입니다. 이 분의 연설 후에, 소그룹 토론이 있을 것이므로, 참여하는 데 관심이 있으신 분은 자리에 남아 주시기 바랍니다.

어휘 annual 연례적인, 해마다의 prepare ~을 준비하다 a wide variety of 아주 다양한 lecture 강연, 강의 presentation 발표(회) keynote speaker 기조 연설자 president 대표, 사장 non-profit 비영리의 organization 단체, 기관 based in ~을 기반으로 하는, ~에 본사를 둔 importance 중요성 manufacture ~을 제조하다 eco-friendly 친환경적인 following ~ 후에, ~ 다음에 speech 연설 discussion 토론, 논의 remain + 형용사: ~한 상태로 남아 있다, ~된 상태 그대로 있다 seated 착석한, 자리에 앉은 be interested in ~에 관심이 있다 participate 참여하다

1. 닐슨 씨는 누구인가?
(A) 영업 이사
(B) 유명인
(C) 대학 교수
(D) 단체 대표

정답 (D)
해설 담화 중반부에 닐슨 씨의 이름을 언급하면서 한 환경 관련 단체의 대표라고(Mr. Nilson is the president of G&N Environmental Group, a non-profit organization) 소개하는 부분이 있으므로 (D)가 정답이다.
어휘 director 이사, 부서장 celebrity 유명인 professor 교수

Paraphrase president of G&N Environmental Group
→ group leader

2. 닐슨 씨 연설의 주제는 무엇인가?
(A) 효과적인 광고
(B) 친환경적인 제품
(C) 도시 개발 방법
(D) 고객 관리

정답 (B)

해설 담화 중반부에, 닐슨 씨를 he로 지칭해 친환경적인 제품을 제조하는 것의 중요성에 관해 이야기한다(he will talk about the importance of manufacturing eco-friendly products)고 언급하고 있다. 따라서 (B)가 정답이다.

어휘 effective 효과적인 advertisement 광고 item 제품, 물품 urban 도시의 development 개발, 발전 method 방법 customer relations 고객 관리

Paraphrase products → items

3. 청자들은 연설 후에 무엇을 할 것 같은가?
(A) 설문지를 작성하는 일
(B) 건물을 견학하는 일
(C) 토론에 참석하는 일
(D) 행사에 등록하는 일

정답 (C)

해설 화자는 담화 맨 마지막에 청자들을 대상으로 소그룹 토론이 있다는 말과 함께 관심이 있으면 자리에 남아있도록(there will be small group discussions, so please remain seated) 요청하고 있다. 따라서 연설 후에 청자들이 토론에 참석하는 것으로 볼 수 있으므로 (C)가 정답이다.

어휘 fill out ~을 작성하다 survey 설문조사(지) tour ~을 견학하다 attend ~에 참석하다 register for ~에 등록하다

Questions 4-6 refer to the following talk.

Good evening, ladies and gentlemen. **4** I'm sure that you all are looking forward to finding out who our first award recipient is. Well, **4** it's my pleasure to present Mr. Yang with the Most Hardworking Employee Award. In the past few years, **5** he has helped the company expand internationally by promoting our baked goods. The results have been very successful. Before we invite Mr. Yang up to the stage, **6** we'll watch a short video of his innovative campaigns.

안녕하세요, 신사 숙녀 여러분. 저는 분명 여러분 모두 누가 첫 번째 수상자가 될 것인지 확인하기를 고대하고 계시리라 생각합니다. 자, 저는 양 씨에게 최고의 근면 직원상을 시상하게 되어 기쁘게 생각합니다. 지난 몇 년 동안, 양 씨는 우리의 제과 제품들을 홍보해 우리 회사가 국제적으로 사업을 확대하는 데 도움을 주었습니다. 그 결과는 매우 성공적이었습니다. 양 씨를 무대로 모시기 전에, 양 씨의 혁신적인 캠페인들을 담은 짧은 동영상을 시청하겠습니다.

어휘 be sure that 분명 ~라고 생각하다, ~라고 확신하다 look forward to -ing ~하기를 고대하다 find out ~을 알아내다, 발견하다 award 상 recipient 수상자 present A with B: A에게 B를 수여하다, 주다 hardworking 근면한 expand ~을 확대하다, 확장하다 internationally 국제적으로 by -ing ~함으로써 promote 홍보하다 baked goods 제과 제품 result 결과 successful 성공적인 invite 모시다, 초대하다 up to ~ 위로 watch ~을 시청하다, 보다 innovative 혁신적인 campaign 캠페인, 운동

4. 연설의 목적은 무엇인가?
(A) 신입 직원을 소개하는 것
(B) 상점의 개장을 축하하는 것
(C) 상을 수여하는 것
(D) 새로운 계획을 설명하는 것

정답 (C)

해설 화자는 담화를 시작하면서 청자들에게 누가 첫 번째 수상자가 될 것인지 빨리 확인할 수 있기를 모두 고대하고 있을 것이라고(I'm sure that you all are looking forward to finding out who our first award recipient is) 말하고 있다. 뒤이어 수상자의 이름을 밝히고(it's my pleasure to present Mr. Yang with the Most Hardworking Employee Award) 있으므로 (C)가 정답이다.

어휘 speech 연설 introduce ~을 소개하다 employee 직원 celebrate ~을 축하하다, 기념하다 opening 개장, 개점 explain ~을 설명하다 plan 계획

5. 화자의 말에 따르면, 양 씨는 어떻게 회사에 도움을 주었는가?
(A) 신입 직원들을 채용했다.
(B) 제품들을 홍보했다.
(C) 월간 지출 비용을 줄였다.
(D) 본사를 설계했다.

정답 (B)

해설 화자는 양 씨가 수상자임을 밝힌 후에 그가 제과 제품들을 홍보해 회사가 국제적으로 사업을 확대하는 데 도움을 주었다(he has helped the company expand internationally by promoting our baked goods)고 말하고 있으므로 (B)가 정답이다.

어휘 hire ~을 채용하다, 고용하다 promote ~을 홍보하다

product 제품 lower ~을 낮추다, 줄이다 monthly 월간의, 달마다의 expense 지출 (비용) main office 본사

`Paraphrase` our baked goods → some products

6. 곧이어 무슨 일이 있을 것인가?
(A) 질문지가 배부될 것이다.
(B) 안내 책자가 배포될 것이다.
(C) 다과가 제공될 것이다.
(D) 동영상이 보여질 것이다.

정답 (D)
해설 화자는 담화의 끝부분에 시상에 앞서 그의 혁신적인 캠페인을 보여주는 동영상을 시청할 것(we'll watch a short video of his innovative campaigns)이라고 알리고 있으므로 (D)가 정답이다.
어휘 questionnaire 질문지 hand out ~을 나눠주다, 배부하다 brochure 안내 책자 distribute ~을 배포하다, 배부하다 refreshments 다과 serve ~을 제공하다, 내오다

Day 04 세부사항

Practice

1. (A)	2. (B)

1.

데콘 홀에서 호주에서 최고로 평가받는 몇몇 오케스트라들이 참가하는 다양한 연주회를 개최합니다. 이 시리즈 연주회는 '사운즈 오브 더 시즌스'라고 불리며, 10회 공연을 특징으로 합니다. "사운즈 오브 더 시즌스의 목적은 국내 최고의 클래식 음악가들을 한데 모아 공연을 하는 것이며, 데콘 홀은 그러한 행사를 개최하기에 최적의 장소입니다."라고 이번 시리즈 연주회의 개막일 밤에 연주할 예정인 시드니 필하모닉의 바이올리니스트 아서 레드몬드 씨는 말합니다.

Q. 레드몬드 씨는 누구인가?
(A) 오케스트라 멤버
(B) 콘서트 주최자

정답 (A)
해설 사람의 신분을 묻는 문제이므로 질문의 키워드인 Mr. Redmond가 제시되는 부분을 지문에서 찾는다. 지문 후반부에 Arthur Redmond라는 이름이 언급되어 있고, 해당 문장에 시드니 필하모닉의 바이올리니스트라고 나타나 있으므로

(A)가 정답이다.
어휘 host ~을 개최하다 performance 연주회 be called A A라고 불리다 feature ~을 특징으로 하다 aim 목적 bring together ~을 한데 모으다 finest 최고의 perfect 최적의 venue 장소 play ~을 연주하다

2.

신속한 복사 서비스
저희는 스타우튼몰 1층에 위치해 있습니다.

영업시간

월요일-수요일: 오전 5시- 오후 11시
목요일-토요일: 오전 8시- 오후 4시
일요일: 오전 9시-오전 11시

Q. 신속한 복사 서비스 사가 오후에 열지 않는 날은 언제인가?
(A) 금요일
(B) 일요일

정답 (B)
해설 지문에 일요일 영업시간이 오전 9시에서 오전 11시까지라고 적혀 있다. 따라서 일요일에는 오후에 영업하지 않으므로 (B)가 정답이다.
어휘 speedy 신속한 copying 복사 be located 위치해 있다 floor 층 hours of operation 영업시간 open 열려 있는 afternoon 오후

Day 05 Weekly Test

VOCA

1. (A)	2. (B)	3. (C)	4. (B)	5. (A)
6. (C)	7. (C)	8. (B)		

7.
해석 귀하께서는 출입구에서 티켓을 보여주셔야 합니다. 추가로, 보안 데스크에서 그것을 다시 제시해 주셔야 합니다.
해설 빈칸 앞뒤로 유사한 요구사항을 차례로 나열하고 있으므로 '추가로'라는 뜻의 (C) Additionally가 정답이다.
어휘 show ~을 보여주다 gate 출입구 present ~을 제시하다 security 보안 again 다시 markedly 두드러지게 heavily 심하게 additionally 추가로 perfectly 완벽하게

8.

해석 새로운 운영부장은 추가 직원들을 고용하기로 이미 결정했다.

해설 빈칸에는 운영부장이 추가 직원을 고용하기로 결정한 시점을 나타낼 어휘가 들어가야 한다. 따라서 '이미'라는 뜻의 (B) already가 정답이다.

어휘 operation 운영 manager 부장, 매니저 decide ~을 결정하다 hire ~을 고용하다 additional 추가의 employee 직원 then 그리고 나서 already 이미 usually 보통 long 오래

LC

| 1. (C) | 2. (B) | 3. (A) | 4. (D) | 5. (C) |
| 6. (B) | | | | |

Questions 1-3 refer to the following talk.

Hello, everyone. Our presentation this evening is on our mall's new security measures. **1** As the guards here at the mall, it's important that you know everything about mall security. Since we have recently added two new jewelry stores, we need to protect our facilities more carefully than before. So today, we are going to hear from **3** Vinnie Walker, the designer of the new security camera system. **2** Mr. Walker will be instructing us how to control cameras that are throughout the mall. **3** Let's give a warm welcome to Mr. Vinnie Walker.

안녕하세요, 여러분. 오늘 저녁 진행되는 이 발표는 우리 쇼핑몰의 새로운 보안 조치에 관련된 것입니다. 이곳 쇼핑몰에 근무하는 경비 직원으로서, 여러분들께서 쇼핑몰 보안에 관한 모든 사안을 알아 두는 것이 중요합니다. 최근 우리 쇼핑몰에 두 곳의 새로운 귀금속 매장이 추가로 입점하였기 때문에 우리는 이전보다 더 세심하게 시설물들을 보호해야 합니다. 따라서 오늘, 우리는 새로운 보안 카메라 시스템의 설계자이신 비니 워커 씨의 이야기를 들을 예정입니다. 워커 씨께서는 쇼핑몰 전역에 있는 카메라들을 조정하는 방법을 우리에게 가르쳐 주실 것입니다. 비니 워커 씨를 반갑게 맞아 주시기 바랍니다.

어휘 presentation 발표(회) mall 쇼핑몰 security 보안 measures 조치 as (신분, 자격) ~로서 guard 경비 직원 since ~이므로 recently 최근에 add ~을 추가하다 jewelry store 귀금속 매장 protect ~을 보호하다 facility 시설(물) carefully 세심하게, 신중히 hear from ~의 이야기를 듣다 designer 설계자, 고안해 낸 사람 instruct ~을 가르쳐주다, 지도하다 how to do ~하는 법 control (기계, 시스템 등을) 조정하다, 조절하다

throughout ~의 전역에 give a warm welcome to A: A를 반갑게 맞이하다, 환영하다

1. 청자들은 누구인가?
(A) 상점 매니저들
(B) 쇼핑몰 고객들
(C) 경비 직원들
(D) 인테리어 디자이너들

정답 (C)

해설 화자는 담화의 초반부에 쇼핑몰에서 근무하는 경비 직원으로서, 쇼핑몰 보안에 관한 모든 사안을 알아 두는 것이 중요하다(As the guards here at the mall, it's important that you know everything about mall security)는 말을 하고 있다. 따라서 이 담화를 듣는 청자들은 경비 업무를 담당하는 사람들이라는 것을 알 수 있으므로 (C)가 정답이다.

어휘 customer 고객 security guard 경비 직원

2. 워커 씨는 주로 무엇에 관해 이야기할 것인가?
(A) 소프트웨어 프로그램을 업그레이드하는 일
(B) 새로운 카메라 시스템을 작동하는 일
(C) 사진 강좌를 수강하는 일
(D) 이메일 계정을 설정하는 일

정답 (B)

해설 화자는 담화 중반부에 워커 씨가 쇼핑몰 전역에 있는 카메라들을 조정하는 방법을 우리에게 가르쳐 주실 것이라는(Mr. Walker will be instructing us how to control cameras that are throughout the mall) 말로 워커 씨가 하려는 일을 알리고 있는데, 이는 카메라를 작동시키는 방법을 가르쳐 준다는 의미이므로 (B)가 정답이다.

어휘 operate ~을 작동시키다, 가동하다 take a class 수강하다 photography 사진술 set up ~을 설정하다, 설치하다 account 계정, 계좌

`Paraphrase` control → operating

3. 곧이어 무슨 일이 있을 것 같은가?
(A) 설계자가 이야기를 할 것이다.
(B) 견학이 시작될 것이다.
(C) 짧은 휴식 시간이 있을 것이다.
(D) 난방 시스템이 수리될 것이다.

정답 (A)

해설 화자는 비니 워커 씨로부터 카메라를 조정하는 방법에 대해 들을 것이라고 예고한 뒤 담화의 끝부분에 비니 워커 씨를 반갑게 맞아 달라고(Let's give a warm welcome to Mr. Vinnie Walker) 말하고 있는데, 앞서 워커 씨는 새로운 보안 카메라 시스템의 설계자(Vinnie walker, the designer of the new security camera system)라고 알리고 있으므로

(A)가 정답이다.

어휘 **break** 휴식 시간 **heating system** 난방 시스템 **repair** ~을 수리하다

Questions 4-6 refer to the following excerpt from a meeting.

> The purpose of today's meeting is **4** to discuss the new product packaging for our snack foods. We've been using the same packets for around ten years now, and it's time to try a new approach. **5** Our marketing manager, Charlotte, says the most important thing is to choose a brighter color than the current one. The management team agrees that potential customers are not attracted to our traditional brown packaging. So, **6** Charlotte has prepared some samples and she's going to pass them around now for you to look at.

오늘 회의의 목적은 저희 간식용 음식을 위한 새로운 제품 포장을 논의하는 것입니다. 저희는 지금까지 약 10년 동안 동일한 포장 상자를 써오고 있고, 이제 새로운 접근법을 시도해 볼 때입니다. 저희 마케팅 부장님이신 샬롯 씨가 말씀하시길, 가장 중요한 것은 현재의 색상보다 더 밝은 색상을 고르는 것이라고 했습니다. 경영팀은 잠재적 고객들이 저희의 전통적인 갈색 포장에 마음이 끌리지 않는다는 것에 동의합니다. 그래서, 샬롯 씨는 몇 개의 견본을 준비했고, 그녀가 지금 여러분들이 그것들을 보실 수 있도록 전달하실 것입니다.

어휘 **purpose** 목적 **discuss** ~을 논의하다, 이야기하다 **product** 제품 **packaging** 포장 **snack food** 간식용 음식 **packet** 포장 상자 **try** ~을 시도하다 **approach** 접근법 **choose** ~을 고르다, 선택하다 **current** 현재의 **management** 경영, 관리 **agree** 동의하다 **potential** 잠재적인 **customer** 고객, 손님 **attract** ~의 마음을 끌다 **traditional** 전통적인 **prepare** ~을 준비하다 **sample** 견본, 샘플 **pass A around**: A를 전달하다, 돌리다 **look at** ~을 보다

4. 화자의 회사는 무엇을 판매하는가?
   (A) 가구
   (B) 가전 기기
   (C) 음료
   (D) 간식

정답 (D)

해설 화자는 첫 문장에서 회의의 목적을 설명하면서 간식용 음식을 위한 새로운 제품 포장을 논의하는 것(to discuss the new product packaging for our snack foods)이라고 말한다.

이를 통해 화자의 회사가 간식(snacks)을 판매하는 회사임을 유추할 수 있으므로 (D)가 정답이다.

어휘 **sell** ~을 판매하다 **furniture** 가구 **appliance** 가전 기기 **beverage** 음료

5. 샬롯 씨가 권장하는 것은 무엇인가?
   (A) 가격을 낮추는 것
   (B) 생산 속도를 올리는 것
   (C) 색상을 변경하는 것
   (D) 재활용 재료를 사용하는 것

정답 (C)

해설 담화 중반에 샬롯 씨가 가장 중요한 것은 현재 색상보다 더 밝은 색상으로 고르는 것(~ the most important thing is to choose a brighter color than the current one)이라고 말한 내용이 언급되는데, 이것은 색상을 바꾸는 것을 권장하는 것이므로 (C)가 정답이다.

어휘 **lower** ~을 낮추다 **price** 가격 **increase** ~을 올리다, 증가시키다 **production** 생산, 제작 **rate** 속도, 비율 **recycled** 재활용된 **materials** 재료, 물질

Paraphrase choose a brighter color than the current one → Changing a color

6. 청자들이 다음에 할 일은 무엇일 것 같은가?
   (A) 짧은 영상을 시청하는 일
   (B) 몇 개의 견본을 검토하는 일
   (C) 고객의 피드백을 읽는 일
   (D) 조별로 작업하는 일

정답 (B)

해설 담화 마지막 부분에 청자에 해당하는 you가 언급되는 문장에서 샬롯 씨가 몇 개의 견본을 가져왔고 청자들이 볼 수 있록 그것들을 전달해줄 것(Charlotte has prepared some samples and she's going to pass them around now for you to look at)이라고 말한다. 이를 통해 청자들은 전달받은 견본을 검토할 것임을 유추할 수 있으므로 (B)가 정답이다.

어휘 **video clip** 짧은 영상 **examine** ~을 검토하다, 조사하다 **feedback** 피드백, 의견 **in groups** 조별로, 단체로 나뉘어

Paraphrase pass them(= samples) around now for you to look at → Examine some samples

RC

1-2.

> **회람**
>
> **①** 오늘부로, 모든 직원들이 직원 휴게실을 청소하는 일에 대한 책임을 지게 될 것이라는 점을 알리고자 합니다. 일정표가 매주 월요일 오전 8시 30분에 게시될 것이며, 일을 시작하기 전에 이것을 확인하셔야 합니다.
>
> 또한, 냉장고 안에 음식이나 음료를 넣어 두실 때마다 **②** 스티커를 부착하시고, 그 스티커에 성명과 날짜를 써 주십시오. 우리는 어떠한 물품도 그 안에 7일 넘게 남아 있지 않도록 하고 싶습니다.

어휘 memorandum 회람 effective + 시점 ~부로, ~부터 inform ~을 알리다 employee 직원 be responsible for ~에 대한 책임을 지다 clean ~을 청소하다 break room 휴게실 schedule 일정(표) put up ~을 게시하다 check ~을 확인하다 begin ~을 시작하다 whenever ~할 때마다 put ~을 두다 inside ~ 안에 attach ~을 부착하다 make sure 반드시 ~하도록 하다 be left 남겨져 있다

1. 회람의 목적은 무엇인가?
(A) 새로운 정책을 발표하는 것
(B) 직원들에게 그들의 노력에 대해 감사하는 것
(C) 직원 불만 사항을 알리는 것
(D) 청소용품을 광고하는 것

정답 (A)

해설 첫 단락에서 특정 날짜부터 직원들이 새롭게 해야 하는 일을 알리고 있는데 이는 곧 새로운 정책을 의미하므로 새로운 정책의 발표를 의미하는 (A)가 정답이다.

어휘 announce ~을 발표하다 policy 정책 effort 노력 report ~을 알리다 complaint 불만 사항 advertise ~을 광고하다 cleaning product 청소용품

2. 직원들은 무엇을 하도록 요청 받는가?
(A) 각자의 책상을 청소하기
(B) 냉장고 안에 있는 물품에 라벨을 붙이기
(C) 각자의 컴퓨터를 끄기
(D) 오전 8시 30분 전에 회사로 출근하기

정답 (B)

해설 두 번째 단락에 냉장고에 음식을 넣을 때 스티커를 부착하고 그 스티커에 성명과 날짜를 써 놓으라고 직원들에게 요청하고

있으므로 (B)가 정답이다.

어휘 label ~에 라벨을 붙이다 turn off ~을 끄다 come to work 회사로 출근하다

3-4.

> 수신: 린다 쿡
> 발신: 매리 스즈키
>
> 린다 씨에게,
>
> 9번 고속도로 교량건설위원회는 교통 변화를 논의하는 공청회를 개최할 필요가 있습니다. **③** 법률적으로, 우리는 지역 통근자들에게 영향을 미칠 어떤 프로젝트에 대해서도 공청회를 개최할 의무가 있습니다. 저는 귀하와 윌리엄스 건설사의 담당자분께서 이 회의에 참석하셔서 **④** 공사의 시간 일정, 비용 그리고 지역적 영향에 대한 정보를 제공해 주실 것을 요청합니다. 아마도 사람들이 많은 질문을 할 것이고, 저희보다는 귀사가 더 구체적인 정보를 가지고 있을 것입니다.
>
> 귀하께서 시간이 나실지 알려주시기 바랍니다.
>
> 감사합니다.
>
> 매리 스즈키

어휘 construction 건축 committee 위원회 organize ~을 조직하다 public meeting 공청회 discuss ~을 논의하다 traffic 교통 by law 법에 따라 be required to do ~해야 하다 public 공개의 forum 토론회 impact ~에게 영향을 주다 local 지역의 commuter 통근자 representative 직원 attend ~에 참석하다 offer ~을 제공하다 information 정보 cost 비용 effect 영향 be likely to do 아마도 ~할 것이다 firm 회사 specific 구체적인 available 시간이 나는

3. 이 회의는 왜 열리는가?
(A) 법이 요구하고 있다.
(B) 지역 주민들이 이 공사에 반대하고 있다.
(C) 공사 일정이 변경되어야 한다.
(D) 윌리엄스 건설사가 회의를 요청하였다.

정답 (A)

해설 두 번째 줄에 법에 의해 공청회를 열도록 규정되어 있다고 언급되어 있으므로 (A)가 정답이다.

어휘 require ~을 요구하다 against ~에 반대하여 schedule 일정 request ~을 요청하다

4. 쿡 씨는 회의에서 무엇을 해주길 요청받고 있는가?
(A) 지역 주민들에게 의견 묻기
(B) 발표 돕기
(C) 공사 세부계획을 설명하기

(D) 회의 내용을 기록하기

정답 (C)

해설 세 번째 줄에서 회의에 참석하도록 요청하면서 공사의 시간
일정, 비용, 지역적 영향에 대한 정보를 제공해 달라고 요청하
고 있으므로 이를 '공사 세부계획 설명하기'로 패러프레이징한
(C)가 정답이다.

어휘 **opinion** 의견 **assist** ~을 돕다 **presentation** 발표
explain ~을 설명하다 **details** 세부계획 **keep a record
of** ~을 기록하다